treine seu cérebro

4

Dados Internacionais de Catalogação na Publicação (CIP)
(Câmara Brasileira do Livro, SP, Brasil)

Navarro, Àngels
    Treine seu cérebro, vol. 4 : os melhores
desafios contra o envelhecimento cerebral /
Àngels Navarro ; tradução de Guilherme Summa. –
Petrópolis, RJ : Vozes, 2016.

    6ª reimpressão, 2025.

    Título original: Entrena tu cerebro : los
mejores retos contra el envejecimiento cerebral
    ISBN 978-85-326-5272-0
    1. Atividades e exercícios 2. Disciplina mental
3. Jogos I. Título.

16-03463   CDD-158.1

Índices para catálogo sistemático:
1. Mente humana : Psicologia aplicada   158.1

ÀNGELS NAVARRO

treine seu cérebro

Os melhores desafios contra o envelhecimento cerebral

Tradução de Guilherme Summa

EDITORA
VOZES

Petrópolis

© Àngels Navarro, 2014
Esta tradução foi publicada por intermédio da IMC Agência Literária

Tradução realizada a partir do original em espanhol intitulado
Entrena tu cerebro 4. Los mejores retos contra el envejecimiento cerebral

Direitos de publicação em língua portuguesa – Brasil:
2016, Editora Vozes Ltda.
Rua Frei Luís, 100
25689-900 Petrópolis, RJ
www.vozes.com.br
Brasil

CONSELHO EDITORIAL

Diretor
Volney J. Berkenbrock

Editores
Aline dos Santos Carneiro
Edrian Josué Pasini
Marilac Loraine Oleniki
Welder Lancieri Marchini

Conselheiros
Elói Dionísio Piva
Francisco Morás
Teobaldo Heidemann
Thiago Alexandre Hayakawa

Secretário executivo
Leonardo A.R.T. dos Santos

PRODUÇÃO EDITORIAL

Anna Catharina Miranda
Bianca Gribel
Eric Parrot
Jailson Scota
Marcelo Telles
Mirela de Oliveira
Natália França
Priscilla A.F. Alves
Rafael de Oliveira
Samuel Rezende
Verônica M. Guedes
Vitória Firmino

Editoração: Maria da Conceição B. de Sousa
Diagramação: Sheilandre Desenv. Gráfico
Capa: Do original em espanhol
Arte-finalização: SGDesign

ISBN 978-85-326-5272-0 (Brasil)
ISBN 978-84-696-0184-6 (Espanha)

Este livro foi composto e impresso pela Editora Vozes Ltda.

INTRODUÇÃO

Existe nos dias de hoje a crescente consciência de que é tão importante exercitar o corpo quanto manter a mente ativa. A razão disso é que nosso cérebro também precisa ficar em forma para tirar o máximo proveito de suas qualidades e conservar-se saudável pelo maior tempo possível.

Os jogos apresentados nestes cadernos constituem uma excelente ferramenta para aumentar o rendimento do cérebro. Já se demonstrou que dedicar cerca de vinte minutos por dia à resolução desse tipo de jogos contribui para a melhora das capacidades cognitivas como a atenção, a memória, a agilidade mental, a concentração... Um treino constante não apenas propicia um aprimoramento da capacidade cerebral, como também retarda a deterioração da cognição que o passar dos anos costuma acarretar.

A coleção *Treine seu cérebro* é dirigida a adultos de todas as idades. Aos mais jovens proporcionará uma forma de reforçar a agilidade cerebral, e aos mais velhos, o auxílio para conservar um bom rendimento do cérebro. Cada caderno possui entre quarenta e quarenta e dois jogos desenvolvidos para ativar as capacidades que os psicólogos são unânimes em apontar como indicadores essenciais da inteligência:

atenção, memória, linguagem, cálculo, raciocínio e orientação espacial.

Para resolver estes jogos não são necessários grandes conhecimentos ou qualquer preparação especial. É preciso apenas abrir a mente, livrar-se de ideias preconcebidas e aceitar os desafios. O resultado será duplamente satisfatório: além de desfrutar de um momento de diversão, em pouco tempo você comprovará que o cérebro pode realmente ser estimulado e revitalizado.

Material necessário

Os cadernos foram desenvolvidos de forma que você possa resolver os jogos e escrever as soluções diretamente neles. Sugerimos a você que separe lápis, borracha e um bloco de papel para anotações, verificações, cálculos etc.

Nível de dificuldade

Todos os jogos trazem o seu nível de dificuldade indicado por uma, duas, três ou quatro lâmpadas. Quanto mais lâmpadas, maior a dificuldade.

FÁCIL   MÉDIO   DIFÍCIL   MUITO DIFÍCIL

A dificuldade dos jogos não segue uma ordem, eles estão misturados. Essa indicação permite que você os selecione e realize seus próprios roteiros dentro do caderno, de acordo com o seu nível. Seja como for, você deve saber que as pessoas possuem inteligências distintas. Há vários tipos de inteligência e, portanto, o que é fácil para um indivíduo pode ser mais difícil para outro.

Tempo de resolução

Demore o tempo que precisar para resolver cada jogo. Tenha em mente que o mais importante não é o tempo de resolução, tampouco o resultado, e sim, o caminho percorrido para chegar até ele.

Soluções

Ao fim de cada caderno você encontrará as soluções para todos os jogos. Se estiver muito difícil encontrar a solução, persista um pouco mais antes de olhar a resposta; não desista. Leia atentamente o enunciado dos jogos até entendê-lo. Se não encontrar a resposta na primeira tentativa, não desanime nem abandone o jogo: utilize todas as suas estratégias, recorde-se de experiências vividas em jogos similares, experimente o método de tentativa e erro até encontrar a solução correta...

NÍVEL 💡 | ATENÇÃO

1. As sobremesas

Descubra a letra inicial e a direção que você deve girar para ler o nome de duas sobremesas.

2. Ditados errados

Você é capaz de detectar e corrigir os erros existentes em cada um destes ditados?

Quem não tem cão, caça com pato.

A consciência é a mãe da invenção.

Casa de pedreiro, espeto de pau.

Nem tudo que reluz é prata.

Para bom entendedor, meia pataca basta.

Não adianta chorar o vinho derramado.

Águas passadas não movem um ninho.

O pior cego é aquele que não quer entender.

Em briga de marido e mulher, ninguém mete o bedelho.

A esperança é a última que morde.

3. Circule os números

Assinale com um círculo os números pares que estão depois de um 7. Procure fazer isso o mais rápido possível.

```
33 20 5 7 10 7 5 43 48 7 22 6 79 90 7 54 8 18
90 7 62 54 9 2 13 15 7 72 65 7 9 82 6 2 5 68 12 7
80 33 65 7 64 7 31 5 4 87 7 56 1 45 7 60 3 2 19 7
88 43 7 56 41 40 7 50 87 42 56 88 2 7 50 32 2 64
6 15 54 76 7 30 56 7 48 32 7 10 34 63 7 20 22 43
56 7 86 2 34 7 65 4 89 7 68 56 69 3 7 44 3 12 7 60
8 99 7 32 14 7 66 5 79 14 80 99 4 33 7 65 45 68 7
2 7 88 91 23 43 55 7 68 6 44 23 7 92 4 7 62 89 7 80
45 21 14 55 7 86 56 7 42 50 7 32 12 7 89 90 45 1
```

4. Palavras de 9 letras

Cada quadrado contém uma palavra de nove letras. Para descobrir a letra que falta você deve deslocar-se em qualquer direção, menos na diagonal.

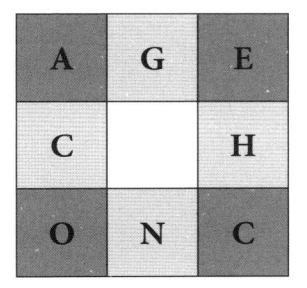 

5. Bricolagem

Sombreie as palavras relacionadas com bricolagem.

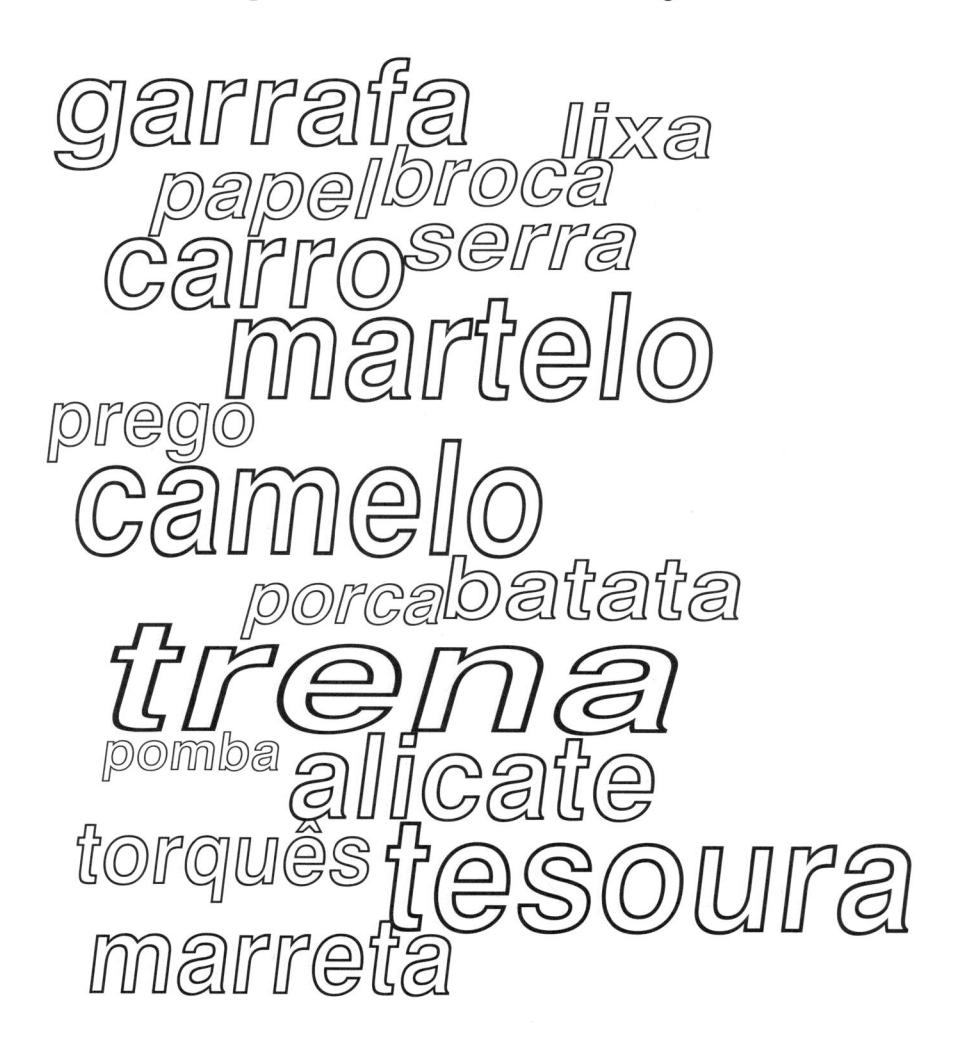

6. 3 estrelas

Você consegue dividir este quadrado em cinco grupos de modo que em cada um deles haja três estrelas? As divisões não precisam ser regulares.

NÍVEL 💡💡 | CÁLCULO

7. Descubra o número

Siga as pistas e descubra que número estamos buscando:

1) É um número maior do que 300 e menor do que 600.

2) As unidades são menores do que 5.

3) As dezenas são maiores do que 3.

4) As centenas são maiores do que 4 e menores do que 6.

NÍVEL 💡💡💡 | RACIOCÍNIO

8. Completando as séries

Escreva o nome que completa cada série.

Escolha entre as opções que você encontrará logo abaixo.

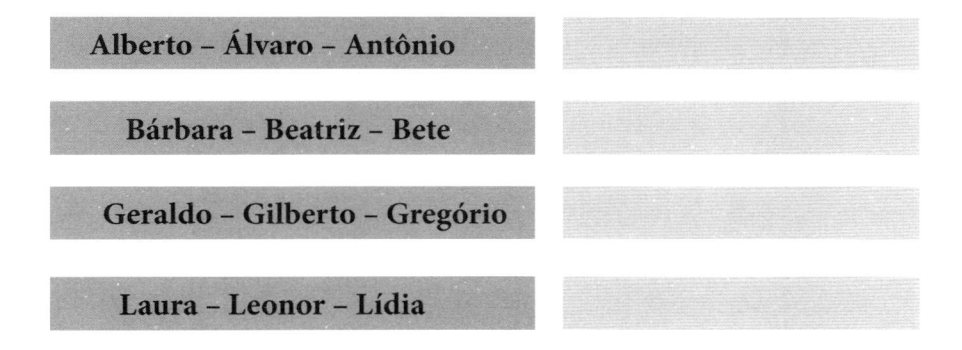

Alberto – Álvaro – Antônio	
Bárbara – Beatriz – Bete	
Geraldo – Gilberto – Gregório	
Laura – Leonor – Lídia	

Ângelo – Artur – Bianca – Bela – Gilson – Guilherme – Lúcia – Lia

9. Os números que faltam

Observe a primeira fileira e complete o quadro.

4	20	5
2		8
3	18	
	20	4
8		3

10. Triângulos e hexágonos

Quantos hexágonos e quantos triângulos há neste emaranhado de figuras?

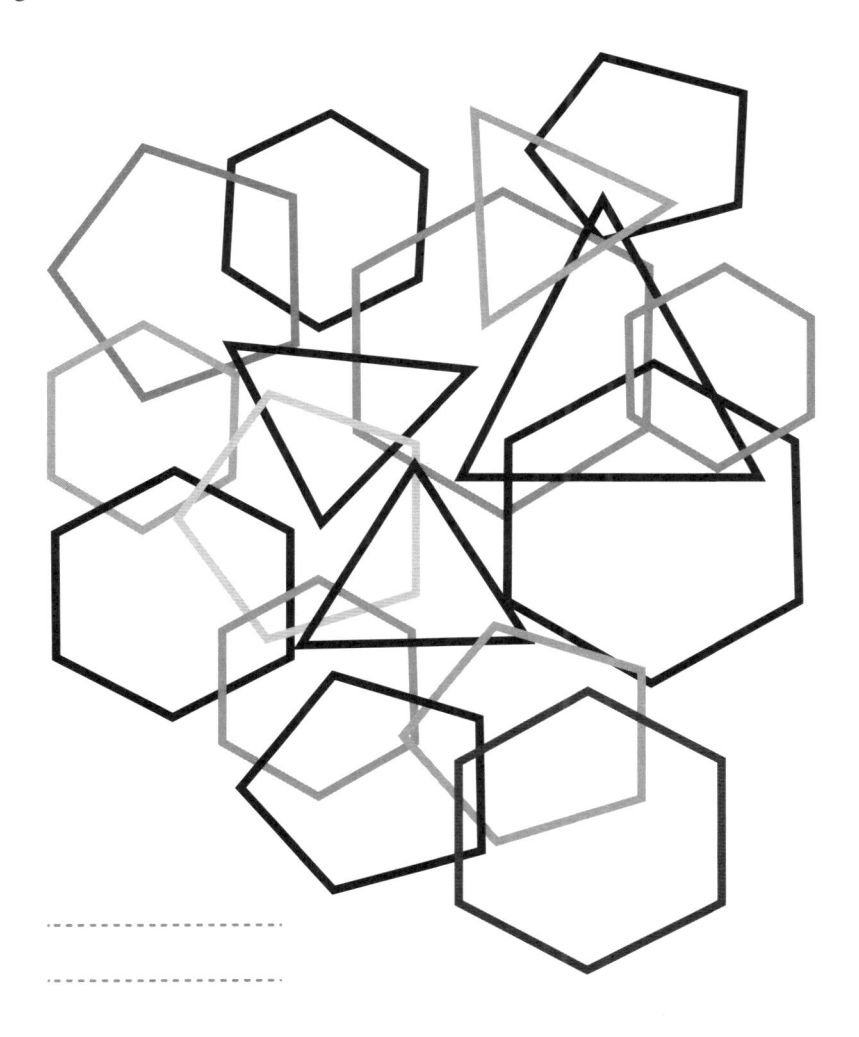

11. Diagrama aritmético

Preencha corretamente os algarismos de 1 a 6 para completar este quadro de operações.

	x	3	:		=	9
+		+		x		+
9	+	3	:	4	=	
-		-		-		:
8	-		x		=	6
=		=		=		=
7	+		-		=	2

12. Antônimos

Encontre o antônimo de cada palavra e una-os com setas.

FAVORÁVEL
ARRISCADO
FREQUENTE
ESTRAGAR

HABITUAL   COMUM

EMBELEZAR   PROPÍCIO

FRACASSAR   AVENTUREIRO

OUSADO

CAUTELOSO   EMBAÇAR

INUSITADO

PREJUDICIAL   BENÉFICO

13. Palavras dentro de uma palavra

Forme todas as palavras possíveis com partes desta palavra comprida.

Não é permitido tirar as letras da ordem em que estão. Por exemplo: FORTUNA.

DESAFORTUNADAMENTE

NÍVEL 💡💡 | LÓGICA

14. Coordenadas com letras

Escreva as letras nas casinhas abaixo seguindo as coordenadas e você encontrará o nome de um planeta.

	1	2	3	4	5	6	7
A	7	D	a	1	B	C	O
B	F	3	c	h	2	N	T
C	Q	X	F	I	m	K	4
D	U	5	C	Z	9	P	7
E	H	R	L	B	J	O	V
F	S	t	6	D	W	U	k
G	M	Y	E	i	A	8	B

E5	D1	D6	C4	B7	G3	E2

15. Falta uma flor

Adicione a estas combinações de letras o nome de uma flor (sempre a mesma), e você formará quatro palavras de seis letras.

A	I				
M	O				
S	E				
P	O				

16. Séries numéricas

Continue as séries e escreva os números que faltam.

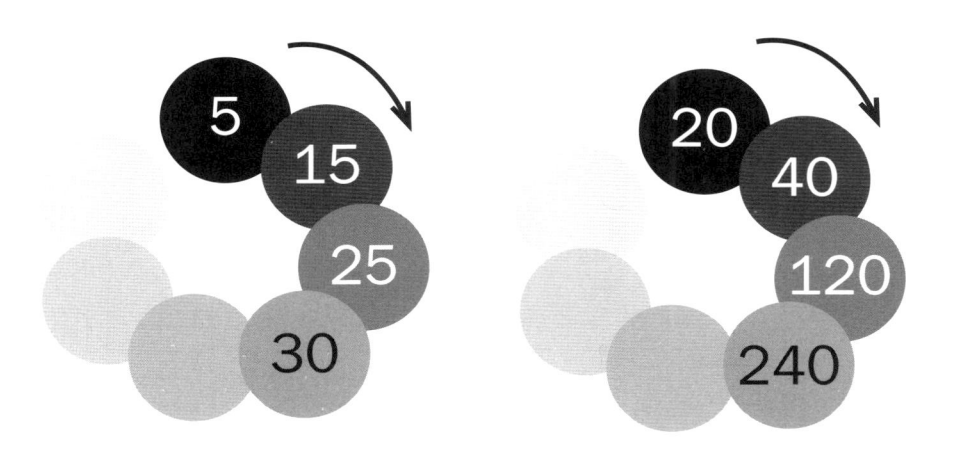

17. Símbolos cruzados

Os símbolos que se encontram dentro de cada casinha são o resultado da mistura dos símbolos da fileira superior com os da coluna da esquerda. Em cada fileira e em cada coluna há um símbolo errado. Você é capaz de encontrá-los?

NÍVEL 💡💡💡 | MEMÓRIA

18. Recordando formas

Observe atentamente estas formas geométricas durante um bom tempo. Você não pode anotar nada nem fazer nenhum sinal nelas. Em seguida, tape-as com um papel e responda à pergunta abaixo.

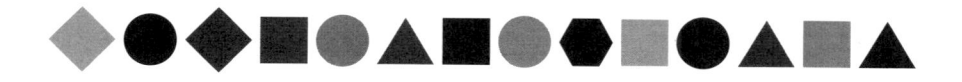

Que forma aparece menos do que as outras?

NÍVEL 💡 | ATENÇÃO

19. Igual tamanho

Observe os seguintes objetos. Na página ao lado assinale o objeto que é do mesmo tamanho que o situado à esquerda.

20. Lista de compras

Memorize durante o tempo que precisar esta lista de supermercado. Em seguida, cubra-a com um papel e complete a segunda lista.

Pão
Torradas
Leite
Tomates maduros
Cereal
Alface
Aspargos
Queijo frescal
Maçãs

Pão

....

Leite
Tomates maduros

....

Alface

....

....

Maçãs

21. Números consecutivos

Com seis desses algarismos você pode formar dois números consecutivos de três algarismos. Quais são? Dica: sobram dois números da fileira de baixo.

22. Grupos de 10

Forme cinco grupos com quatro números diferentes; cada grupo deve somar 10. Os números devem ser contíguos. Há mais de uma solução para este jogo.

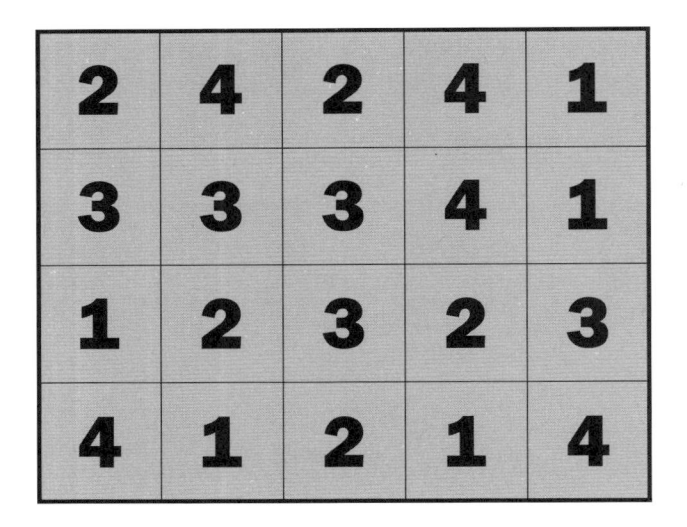

23. A letra que falta

Que letra falta no círculo central para que você possa completar seis palavras? Escreva-as nas linhas abaixo.

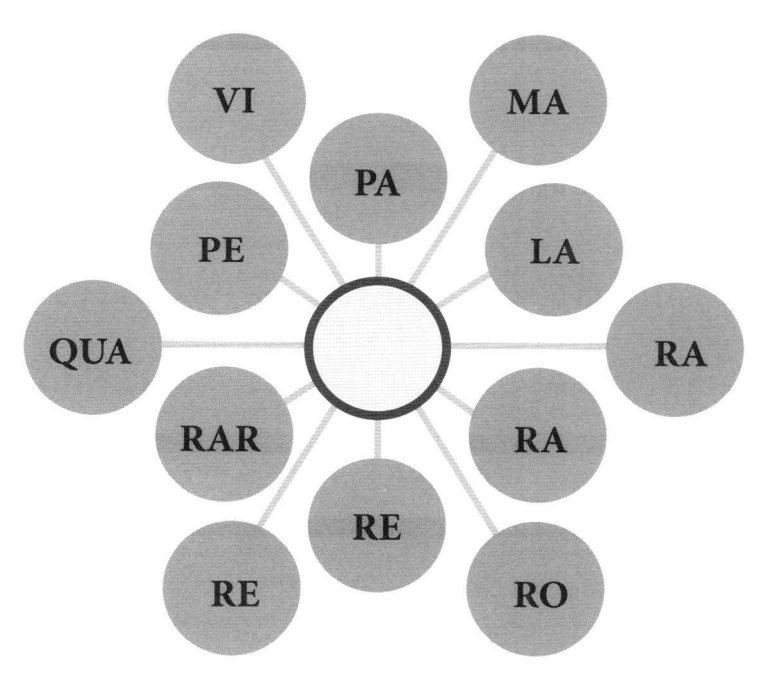

....

....

....

....

....

....

24. Que peça está faltando?

Que figura das três propostas completa a série?

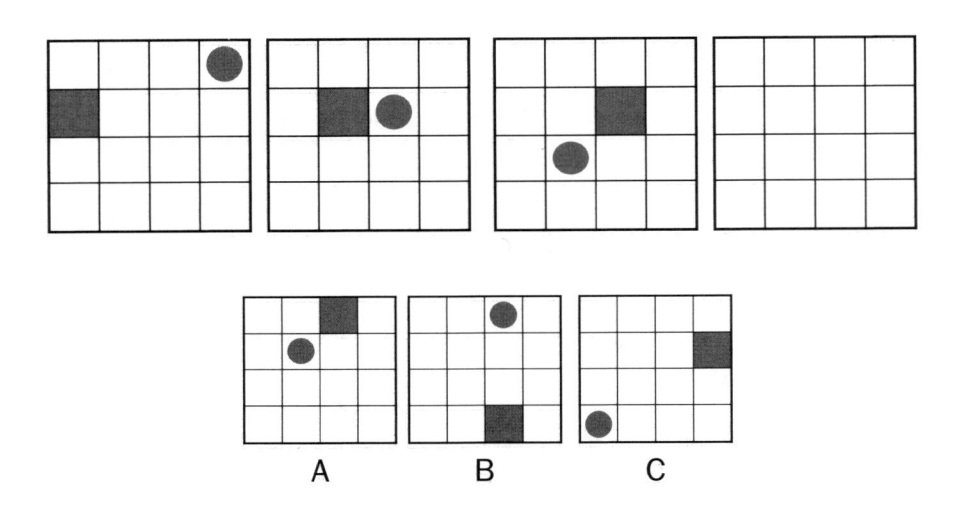

25. A palavra correta

Selecione a palavra que completa estes grupos.
Há palavras que não servem.

ALOJAMENTO APOSENTO	**AFUNDAR DERRUBAR**	**CÁLIDO CALOROSO**

....

VERÃO – HOSPITAL – POUSADA – CASA –

DESABAR – COBERTA – MOLHAR-SE –

NAUFRAGAR – SUFOCANTE – CAPA.

26. Triângulos e mais triângulos

Quantos triângulos há nesta figura? Observe que eles podem estar sobrepostos e ser de tamanhos diferentes.

NÍVEL ☼ ☼ ☼ ☼ | MEMÓRIA

27. Memorizando números

Memorize estas quatro sequências de números durante o tempo que precisar. Em seguida, tape-as com um papel e responda às perguntas que você encontrará logo abaixo.

A. DOIS 3 6 SETE CINCO 4 ZERO
B. 4 4 ZERO DOIS 8 6 NOVE
C. QUATRO TRÊS 2 1 9 OITO SEIS
D. NOVE 7 DOIS 0 0 UM SETE

Na sequência A há algum 4?

Com qual número começa a sequência D?

A sequência B termina com um algarismo ou com uma palavra?

A sequência C tem algum 0?

28. Muitos triângulos

Qual das quatro figuras contém mais triângulos? Conte-os bem e leve em consideração que eles podem estar sobrepostos.

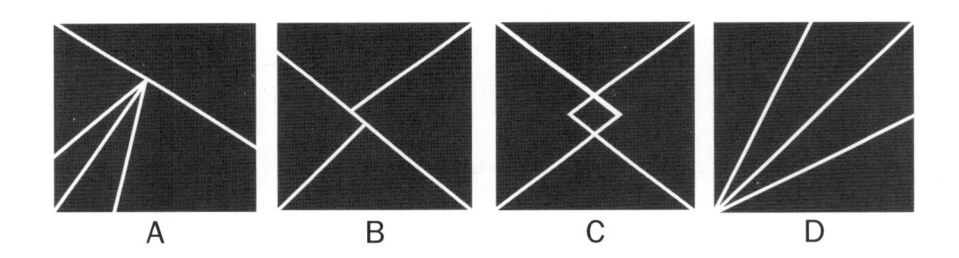

A   B   C   D

29. A letra que sobra

Risque a letra que sobra em cada uma destas palavras e escreva-a na casinha da direita. Dessa forma, você irá formar outra palavra na vertical.

P	A	C	L	E	T	A	
M	A	L	O	E	T	A	
C	I	L	D	A	D	E	
T	E	C	I	D	I	O	
F	L	N	E	C	H	A	
F	A	L	A	U	T	A	

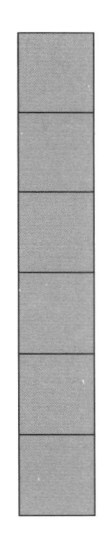

NÍVEL ♀♀♀♀ | MEMÓRIA

30. No restaurante

Olhe atentamente o cardápio do restaurante. Tente memorizá-lo. Em seguida, tape-o com um papel e responda às perguntas logo abaixo.

CARDÁPIO

SALADA VERDE	R$ 3,40
SOPA DE CEBOLA	R$ 2,60
NHOQUE AO SUGO	R$ 3,95
ARROZ À GREGA	R$ 7,30
BRÓCOLIS COM ALHO AO FORNO	R$ 4,75
MANDIOCA FRITA	R$ 6,15
SALADA DE FRUTAS	R$ 3,00
SORVETE DE LIMÃO	R$ 2,20
FATIA DE MELANCIA	R$ 2,90

Quanto custa o nhoque ao sugo? ....

Como são os brócolis com alho: ao forno ou refogados? ....

De que é a salada? ....

Tem banana de sobremesa? ....

Quanto é o sorvete de limão? ....

NÍVEL 💡 | LÓGICA

31. Dominó

Ordene as peças de dominó como se você estivesse jogando uma partida. Comece com o carrilhão de seis. Você não pode girar as fichas a 180 graus.

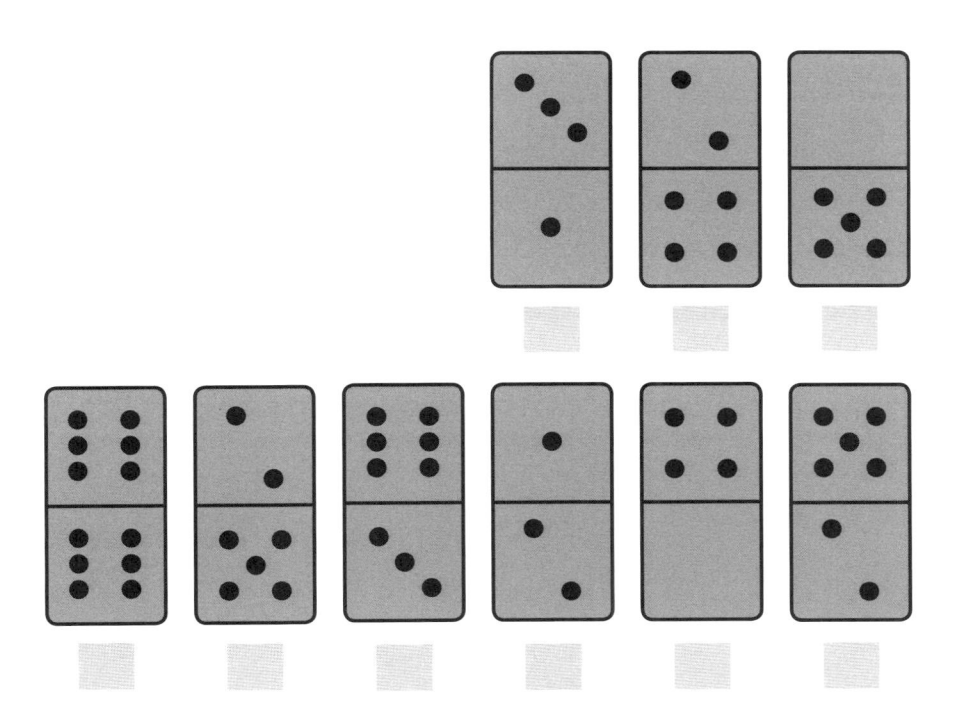

32. Capital

Ordene as letras que sejam do mesmo tamanho e você poderá formar o nome da capital da Finlândia.

K O A E I H a L I a K e L e

N S M h x E S r U N v G O I

NÍVEL ♀ ♀ | LINGUAGEM

33. Anagramas

Você sabe encontrar anagramas? Isto é, palavras que lidas em um sentido significam uma coisa, e lidas em outro sentido, significam outra. Aqui estão alguns exemplos:

**RATA – ATAR
EDUCA – AÇUDE
RARO – ORAR**

....

....

....

....

....

34. Os 4 que faltam

Observe esta tabela: contém todos os números de 1 a 64 menos quatro. Procure os que faltam e anote-os nas casinhas vazias, do menor para o maior.

1	9	16	5	20	36	11	32
35	2	40	22	45	7	14	26
24	51	54	18	4	30	38	49
56	60	28	53	63	19	23	42
43	12	6	47	39	64	48	58
27	46	62	33	41	8	15	34
3	37	50	57	17	25	29	52
13	21	59	31				

35. Quebra-cabeça numérico

Procure no quadro as peças deste quebra-cabeça numérico.

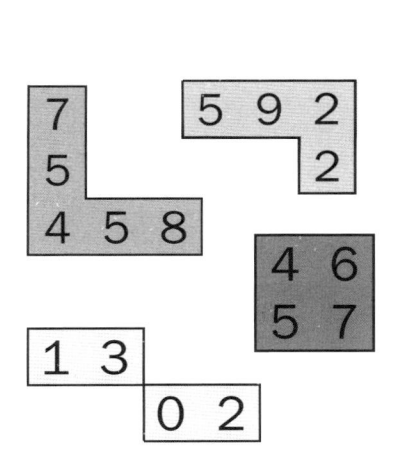

1	6	0	3	9	7	8	0
0	2	5	8	1	5	7	6
5	9	2	3	0	4	5	8
1	7	2	5	7	3	9	2
7	5	1	3	8	4	6	7
3	6	0	1	2	5	7	9
1	2	9	8	1	3	6	8
0	7	1	4	2	7	0	2

36. Pares de sílabas

Busque por pares de sílabas e complete a maior quantidade de palavras no menor tempo possível. Junte com um traço os retângulos que formam as palavras.

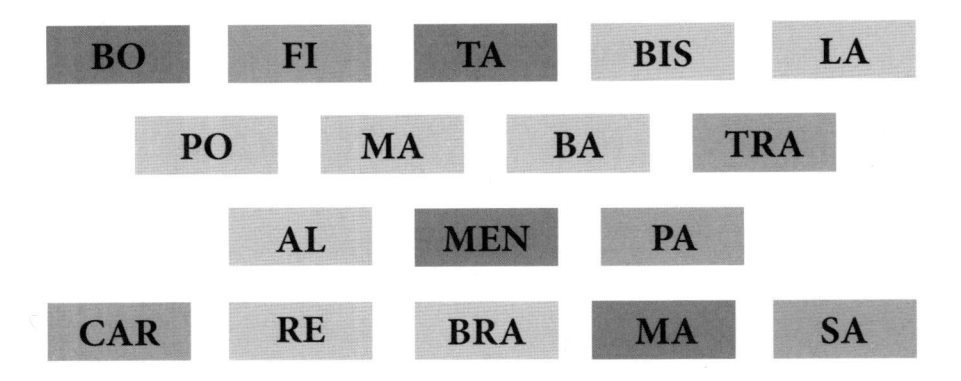

37. Algarismos no hexágono

Coloque os algarismos de 1 a 9 dentro dos espaços vazios, de modo que os números contidos em cada hexágono somem 25. Um mesmo algarismo não pode estar duas vezes no mesmo hexágono.

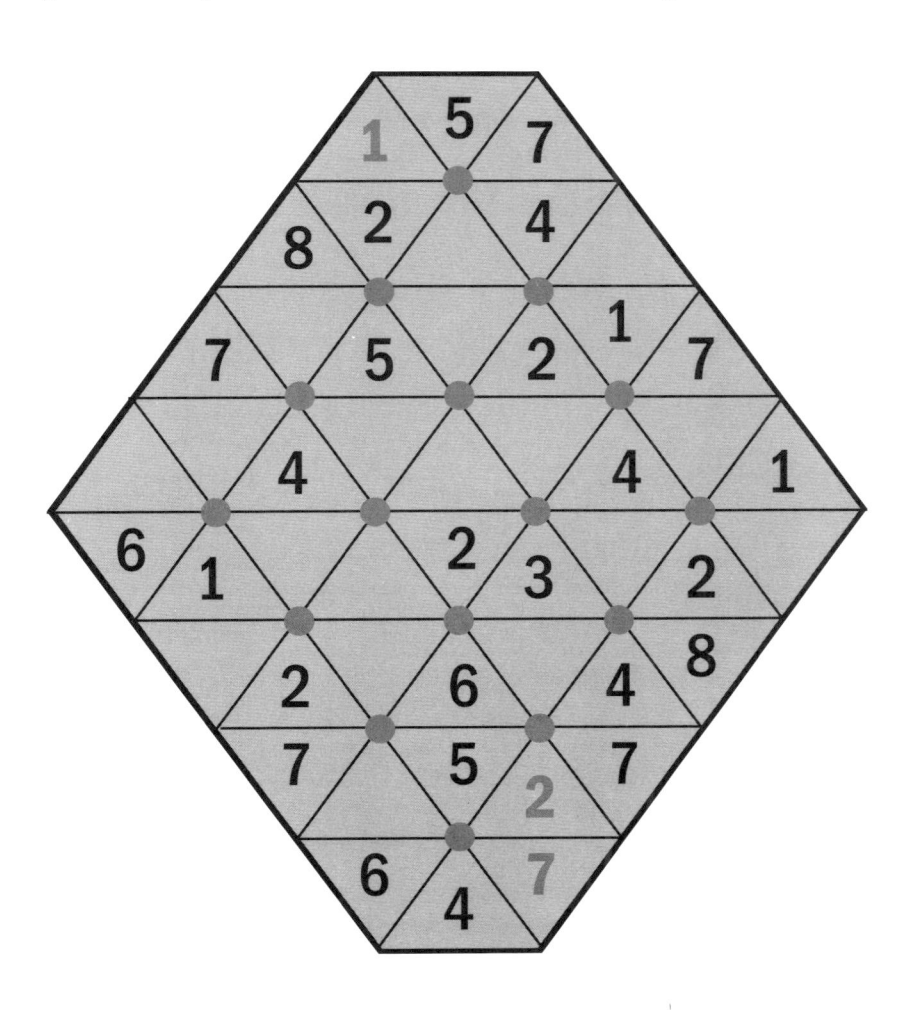

38. Decifrando o código

Descubra a mensagem que se esconde por trás dos algarismos destacados utilizando a equivalência que você vê abaixo.

1-I   2-E   3-O   4-U   5-B   6-C   7-N   8-R   9-T   0-S

982172   024   6282583

NÍVEL 💡💡 | ATENÇÃO

39. Lajotas

Algumas dessas lajotas se repetem várias vezes.
Qual delas aparece repetida mais vezes?

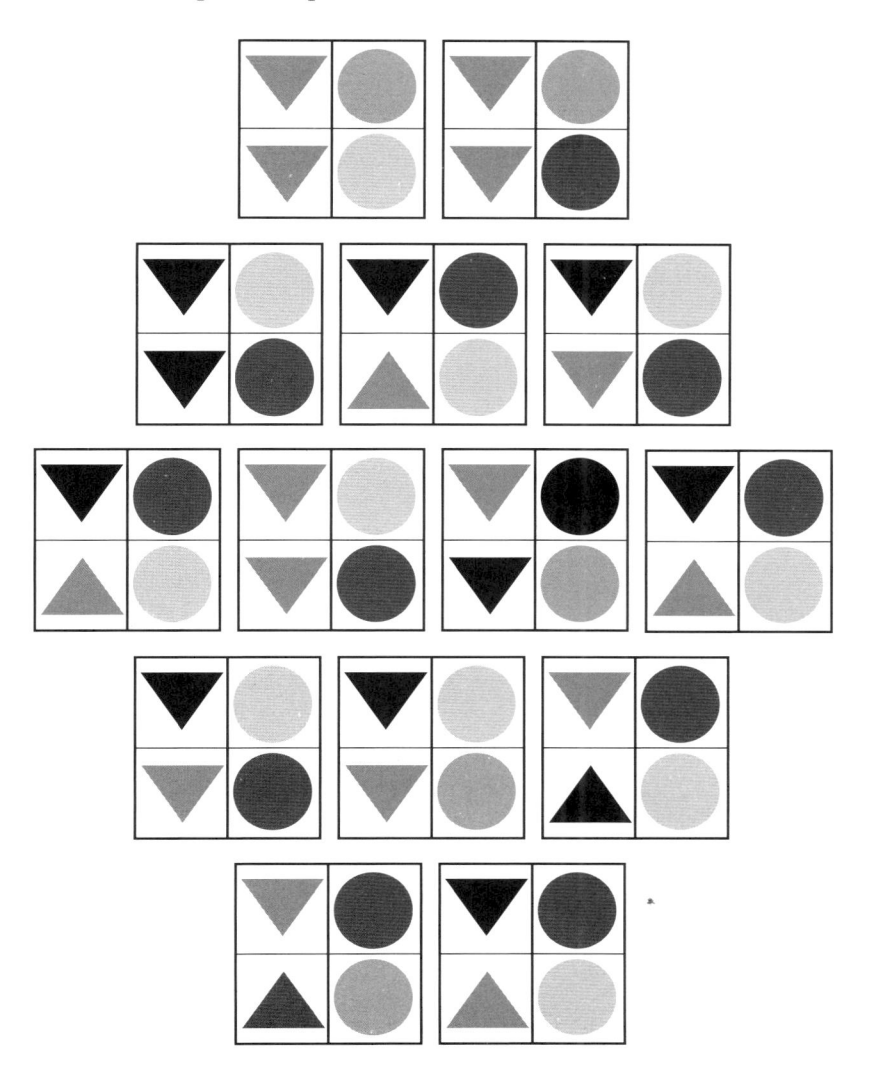

40. Mosaico

Encontre uma forma de colocar todas as peças dentro do quadrado, levando em conta que você não pode girá-las.

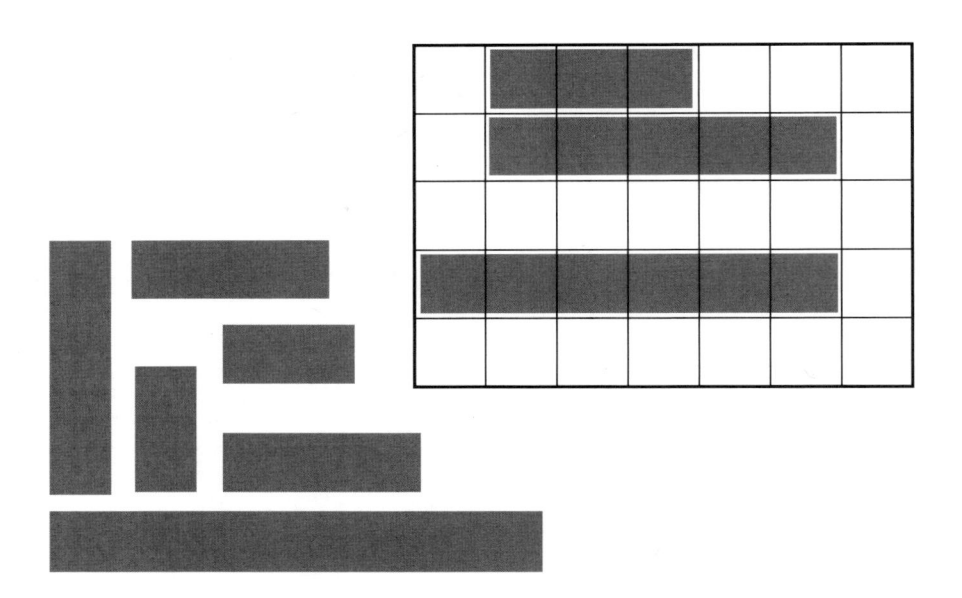

NÍVEL 💡💡💡 | CÁLCULO

41. Pares de números

Forme duplas com estes números de tal forma que sua soma dê como resultado um número de alguma das três colunas. Tenha em mente que você não pode repetir os números e que deverá colocar três pares por coluna.

33	24	42

9 • 37 • 10 • 16 • 20 • 11 • 13 • 8 • 16
15 • 22 • 18 • 26 • 17 • 23 • 7 • 5 • 24

SOLUÇÕES

1. BISCOITO – MERENGUE

2. Quem não tem cão, caça com **gato**.

A **necessidade** é a mãe da invenção.

Casa de **ferreiro**, espeto de pau.

Nem tudo que reluz é **ouro**.

Para bom entendedor, meia **palavra** basta.

Não adianta chorar o **leite** derramado.

Águas passadas não movem **moinho**.

O pior cego é aquele que não quer **ver**.

Em briga de marido e mulher, ninguém mete **a colher**.

A esperança é a última que **morre**.

3.

```
33 20 5 7 10 7 5 43 48 7 22 6 79 90 7 54 8 18
90 7 62 54 9 2 13 15 7 72 65 7 9 82 6 2 5 68 12 7
80 33 65 7 64 7 31 5 4 87 7 56 1 45 7 60 3 2 19 7
88 43 7 56 41 40 7 50 87 42 56 88 2 7 50 32 2 64
6 15 54 76 7 30 56 7 48 32 7 10 34 63 7 20 22 43
56 7 86 2 34 7 65 4 89 7 68 56 69 3 7 44 3 12 7 60
8 99 7 32 14 7 66 5 79 14 80 99 4 33 7 65 45 68 7
2 7 88 91 23 43 55 7 68 6 44 23 7 92 4 7 62 89 7 80
45 21 14 55 7 86 56 7 42 50 7 32 12 7 89 90 45 1
```

4. ACONCHEGA – NOSTALGIA

5. Lixa, broca, serra, martelo, prego, porca, trena, alicate, torquês, tesoura, marreta.

6.

7. O número é **542**.

8. Alberto – Álvaro – Antônio – **Artur**
Bárbara – Beatriz – Bete – **Bianca**
Geraldo – Gilberto – Gregório – **Guilherme**
Laura – Leonor – Lídia – **Lúcia**

9.

4	20	5
2	16	8
3	18	6
5	20	4
8	24	3

10. Há 8 hexágonos e 4 triângulos.

11.

6	x	3	:	2	=	9
+		+		x		+
9	+	3	:	4	=	3
–		–		–		:
8	–	5	x	2	=	6
=		=		=		=
7	+	1	–	6	=	2

12. FAVORÁVEL – **PREJUDICIAL**

ARRISCADO – **CAUTELOSO**

FREQUENTE – **INUSITADO**

ESTRAGAR – **EMBELEZAR**

13. Há várias possibilidades:

FORTUNA; DE; TU; UNA; NADA; DA; MENTE; ENTE; TE...

14. JÚPITER

15.

A	I	R	O	S	A
M	O	R	O	S	A
S	E	R	O	S	A
P	O	R	O	S	A

16.

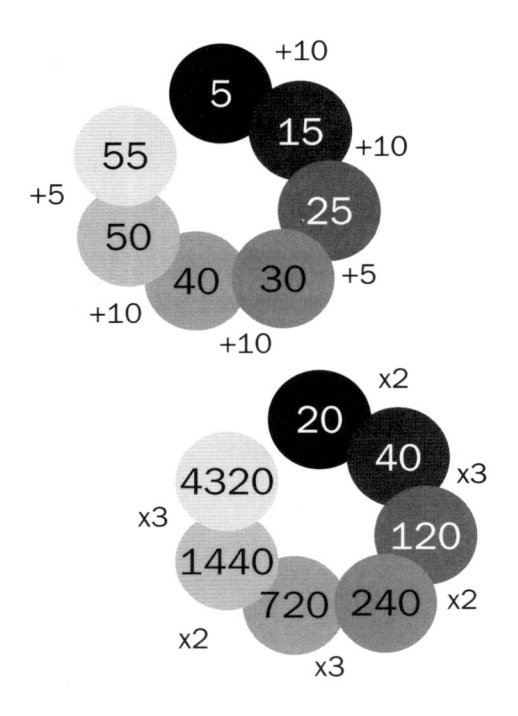

17.

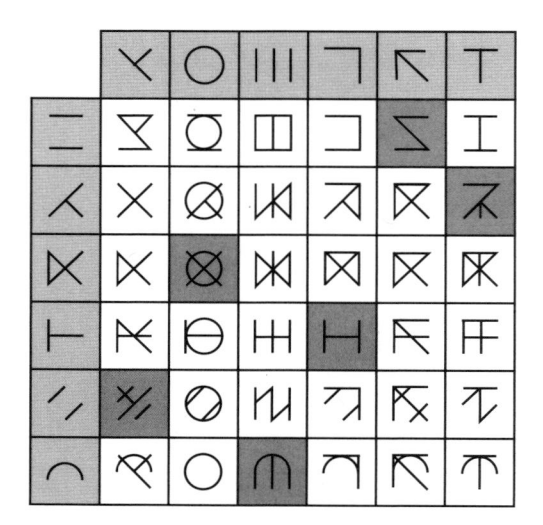

18. O hexágono, pois só há um.

19.

21. Os números consecutivos são o 239 e o 240. Portanto, sobram o 5 e o 6.

22. Há mais de uma solução.

2	4	2	4	1
3	3	3	4	1
1	2	3	2	3
4	1	2	1	4

23. **Letra D:** VIDRO, PADRE, MADRE, QUADRA, PEDRA, LADRAR.

24. A **C**. O quadrado avança da esquerda para a direita e o círculo vai de cima para baixo na diagonal.

25. POUSADA; DESABAR; SUFOCANTE.

26. Há 11 triângulos. Podem estar sobrepostos.

27. Na sequência A há algum 4? **Sim.**
Com qual número começa a sequência D? **9.**
A sequência B termina com um algarismo ou com uma palavra?
Com uma palavra.
A sequência C tem algum zero? **Não.**

28. As figuras B e C têm 4 triângulos. A A tem 5, e a D, 6.

29.

P	A	C	L	E	T	A
M	A	L	O	E	T	A
C	I	L	D	A	D	E
T	E	C	I	D	I	O
F	L	N	E	C	H	A
F	A	L	A	U	T	A

| C |
| O |
| L |
| I |
| N |
| A |

31. Há duas soluções:

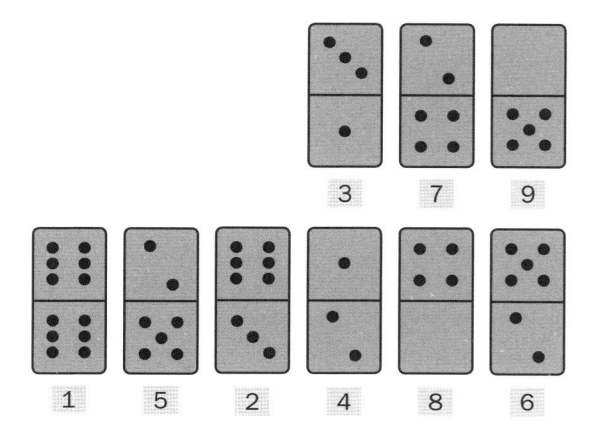

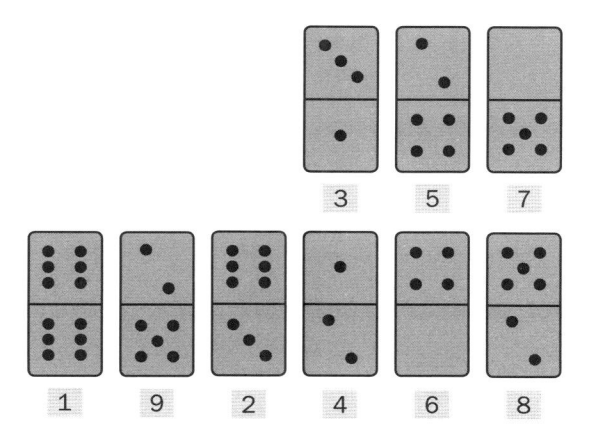

32. HELSINKI

33. Há muitos anagramas. Eis alguns:

ANTE – ETNA

ZORRA – ARROZ

REDIL – LÍDER

AMOR – ROMA

ATOR – ROTA

34.

1	9	16	5	20	36	11	32
35	2	40	22	45	7	14	26
24	51	54	18	4	30	38	49
56	60	28	53	63	19	23	42
43	12	6	47	39	64	48	58
27	46	62	33	41	8	15	34
3	37	50	57	17	25	29	52
13	21	59	31	**10**	**44**	**55**	**61**

35.

1	6	0	3	9	7	8	0
0	2	5	8	1	5	7	6
5	9	2	3	0	4	5	8
1	7	2	5	7	3	9	2
7	5	1	3	8	4	6	7
3	6	0	1	2	5	7	9
1	2	9	8	1	3	6	8
0	7	1	4	2	7	0	2

36. Algumas palavras que podem ser formadas:

BOTA

FILA

BRASA

TRAMA

MENTA

CARTA

MALA

ALMA

SAPO

BISPO

MARÉ

ALTA

37.

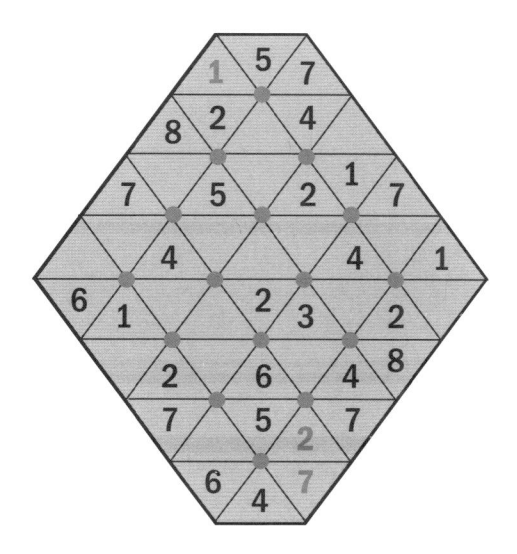

38. TREINE SEU CÉREBRO

39.

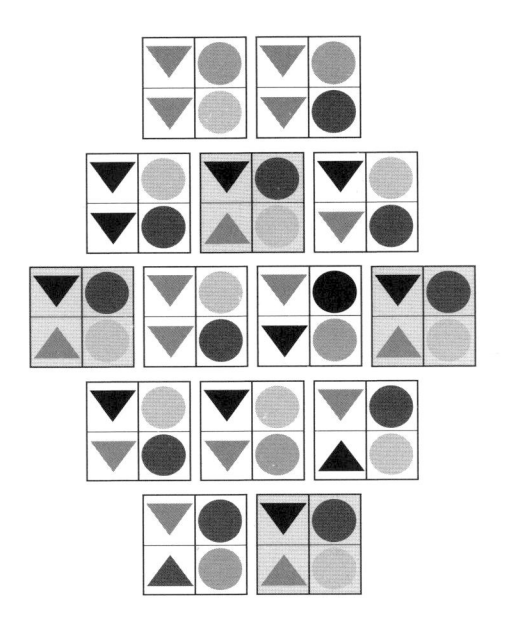

40.

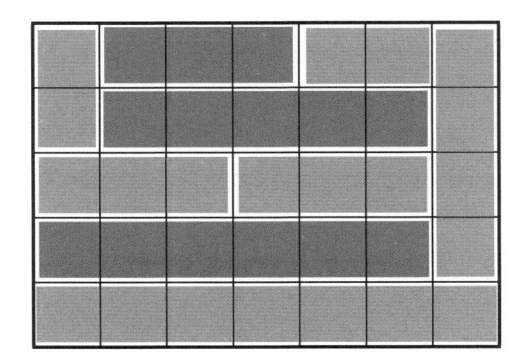

41.

33	24	42
16 + 17	11 + 13	20 + 22
23 + 10	9 + 15	18 + 24
7 + 26	8 + 16	37 + 5

Conecte-se conosco:

 facebook.com/editoravozes

 @editoravozes

 @editora_vozes

 youtube.com/editoravozes

 +55 24 2233-9033

www.vozes.com.br

Conheça nossas lojas:

www.livrariavozes.com.br

Belo Horizonte – Brasília – Campinas – Cuiabá – Curitiba
Fortaleza – Juiz de Fora – Petrópolis – Recife – São Paulo

  *Vozes de Bolso*

EDITORA VOZES LTDA.
Rua Frei Luís, 100 – Centro – Cep 25689-900 – Petrópolis, RJ
Tel.: (24) 2233-9000 – E-mail: vendas@vozes.com.br